Petra Bahr

Das Krokodil unterm Kirchturm

Für Frederik und Matthäus

Petra Bahr

Das
Krokodil
unterm
Kirchturm

Was passiert
in der Kirche?
A ... Z

Illustriert von
Imke Trostbach

edition ✦ chrismon

A wie **ALTAR**

B wie **BEICHTSTUHL**

C wie **COMICS**

D wie **DRACHE**

E wie **ENGEL**

F wie **FESTE**

G wie **GLOCKE**

H wie **HEILIGER GEIST**

I wie **INRI**

J wie **JESUS**

K wie **KIRCHTURM**

L wie **LACHEN**

M wie **MARIA**

N wie **NOTEN**

O wie **ORGEL**

P wie **PREDIGT**

Q wie **QUASIMODO**

R wie **RUHE**

S wie **SAKRISTEI**

T wie **TAUFE**

U wie **ÜBERWURF**

V wie **VATERUNSER**

W wie **WEIHNACHTEN**

X wie **XYLOFON**

Y wie **YASEMIN**

Z wie **ZAHLEN**

KIRCHE FÜR KINDER

Dieses Buch enthält das ABC der Kirche von Flo und Richard. Kirchen sind geheimnisvolle Häuser. Sie riechen merkwürdig. Sie sind groß. Viele sind sehr alt. Da gibt es eine Menge zu entdecken. Flo ist ein kleines Mädchen. Richard ist ihr rotes Krokodil. Für die Erwachsenen ist Richard nur ein Kuscheltier. Es riecht etwas streng und hat einen wundgescheuerten Po. Aber Krokodile riechen so. Flo weiß das genau. Richard ist ihr Freund. Er ist immer schon auf der Welt gewesen. Deshalb ist er sehr schlau. Flo kann Richard alles fragen. Sogar das, was Erwachsene nicht erzählen wollen. Deshalb geht Flo ohne Richard nirgendwo hin. Auch nicht in die Kirche. Du kannst die beiden von A bis Z begleiten. Oder du suchst dir einen Buchstaben aus, der dir gefällt.

A wie
ALTAR

„Der Tisch ist ja feierlich gedeckt. Mit silbernem Geschirr und einer weißen Tischdecke. Die gibt es nur bei Oma an Geburtstagen", sagt Flo, als sie vorne in der Kirche stehen. „Das ist der Altar", sagt Richard. „Er sieht aus wie ein Tisch, weil Jesus mit seinen Freunden so gerne gegessen und getrunken hat. Sie waren sich ganz nah und haben sich alles erzählt. Deshalb feiern Christen heute das Abendmahl im Gottesdienst. Sie teilen sich ein Brot und trinken Wein aus einem Kelch. Sowas machen nur beste Freunde. Jesus hat versprochen, immer bei uns zu sein. Wie ein unsichtbarer Gast, der mit am Tisch sitzt, wenn die Freunde sich treffen."

B

wie

BEICHTSTUHL

„Huhu", ruft Richard. Flo dreht sich um. Wo hat sich das Krokodil nur versteckt? Eben strich es noch zwischen ihren Beinen herum. „Huhu", hört Flo wieder. Sie steht vor einer riesigen Kiste mit Vorhängen. Dahinter muss Richard sein. „Was machst du denn in dem Kasperle-theater? Willst du mir was vorspielen?", fragt Flo und steckt den Kopf zwischen den Stoff. Hinter dem Vorhang ist es dunkel. „Los, komm rein. Das ist ein Beichtstuhl", sagt Richard. „Hier kannst du dich verstecken, wenn du was ausgefressen hast. Manchmal sitzt hier ein Pfarrer. Er hört zu. Du kannst alles sagen und niemand schimpft." „Auch, dass ich gestern absichtlich gegen den Legoturm von Leo ge-treten habe?" Leo ist der kleine Bruder von Flo. „Ja! Gott freut sich, wenn wir ehrlich sind und um Entschuldigung bitten." „Ich verste-cke mich lieber in Mamas Rock", sagt Flo. „Ihr kannst du auch beichten", sagt Richard. „Da-für reicht ein Stuhl im Kinderzimmer."

wie
COMICS

„Da sind ja riesige Comics", sagt Flo. Sie legt den Kopf in den Nacken und zeigt auf die Kirchenfenster. „Stimmt", sagt Richard. „Die Scheiben sind aus buntem Glas. Sie leuchten nicht nur, sie erzählen auch Geschichten." Flo und Richard entdecken Frauen, Männer, Kinder, Drachen, Bären und Pflanzen in den Fenstern. „Früher konnten viele Menschen nicht lesen. Schulen waren was für reiche Leute. Die Bilder zeigen die Abenteuer der Menschen mit Gott. Wie eine Bilderbibel", erklärt Richard. „Prima Idee. Um Bilder zu lesen, muss man nur Augen haben", sagt Flo. „Die Fenster sind schön. Wenn es mir langweilig wird, gucke ich mir die Comics an. Sie erzählen mir die Geschichten so, wie ich es will."

D wie DRACHE

„Guck mal, da oben sitzt ein Verwandter von dir." Flo zeigt auf einen mächtigen Drachen aus Stein. Er steht auf dem Absatz einer Säule und reißt das Maul auf. „Brr, gruselig!" Richard hebt seine Tatze zum Gruß. „In alten Kirchen wimmelt es von Ungeheuern. Es gibt sie auf Gemälden, aus Steinen und aus Holz geschnitzt. Der Drache ist nicht so nett wie ich. Er ist gefährlich und so böse, dass die Menschen Angst kriegen. Sieh mal genau hin: Der Drache blutet. Ein Speer steckt in seinem Bauch. Das Ungeheuer kann den Menschen nichts mehr tun. Es gibt viele Geschichten von Drachentötern in der Kirche. Wie die Geschichte vom heiligen Michael. ‚Heilig' meint: Er ist besonders mutig, weil er auf Gottes Hilfe vertraut hat. So hat er das Böse besiegt. Die Menschen müssen sich nicht mehr fürchten."

A
B
C
D
E
F
G
H
I
J
K
L
M
N
O
P
Q
R
S
T
U
V
W
X
Y
Z

E wie
ENGEL

Flo hebt die Arme und dreht sich im Kreis. „Guck mal, ich bin ein Engel wie der da oben." Sie zeigt in das Gewölbe der Kirche. Es ist ausgemalt. Mit Sternen, einem Mond und Figuren, die wie Menschen mit Flügeln aussehen. Als wäre die Decke der Kirche der Himmel. „Wenn ich ein Drache wäre, könnte ich auch fliegen", jammert Richard. „Sieh mal." Richard findet noch mehr Engel. Auf den alten Bildern. Es gibt riesige Engel aus Stein. Und winzige runde Engel. Sie lachen und singen. Manche haben Musikinstrumente in der Hand. Ein Engel flüstert einer Frau was ins Ohr. Andere Engel gucken streng und tragen Schwerter wie die Ritter. „Was sind eigentlich Engel?", fragt Flo. „Engel sind Boten von Gott." „Wie Postboten?", fragt Flo. „Manche ja. Sie bringen Nachrichten von Gott. Deshalb haben sie Flügel. So kommen sie überall hin. Manche sind eher Dienstboten. Sie helfen Gott dabei, auf dich aufzupassen. Deshalb nennt man sie Schutzengel." „Ich habe noch nie einen gesehen", seufzt Flo. „Das ist ja ihr Trick. Sie sind schneller als ein Augenblick."

F wie
FESTE

„Am liebsten mag ich die Feste in der Kirche",
sagt Flo. „Die Hochzeit von Tante Lotte. Die
Taufe von meinem kleinen Bruder. St. Mar-
tin in der Schule. Advent und Weihnachten."
Richard hüpft ausgelassen. „Es gibt noch viel
mehr Feste. In der Kirche wird das ganze Jahr
über was gefeiert. Es gibt sogar einen Kalender dafür. Da stehen alle Feste drin. Die Leute
sind ja sooo vergesslich." Er verdreht die Kro-
kodilsaugen und macht eine Stimme wie Papa.
Flo kichert. Richard zählt auf: „Nikolaustag, das
Fest der Heiligen Drei Könige, Ostern, Pfings-
ten, Erntedankfest. Uff, es gibt noch viel mehr.
Ich hab leider meinen Kalender vergessen."

A
B
C
D
E
F
G
H
I
J
K
L
M
N
O
P
Q
R
S
T
U
V
W
X
Y
Z

G wie
GLOCKE

„Ding – dong. Ding – dong." Richard und Flo stehen im Glockenturm, als das Getöse beginnt. Erschrocken hält sich Flo die Ohren zu. „Kommt her, kommt her, rufen die Glocken. Die machen Musik für die Menschen draußen in den Straßen und Häusern. Alle sollen hören, dass der Gottesdienst beginnt. In vielen Kirchen läuten die Glocken morgens, mittags und abends. Früher wurde noch öfter geläutet. Wenn ein Kind geboren war. Wenn jemand gestorben ist. Bei großen Festen. Oder wenn irgendwo ein Feuer ausgebrochen ist. Dann haben die Menschen für eine Minute die Arbeit unterbrochen. Sie haben den Glocken zugehört und sich erinnert, wie kostbar das Leben ist", erzählt Richard.

A
B
C
D
E
F
G
H
I
J
K
L
M
N
O
P
Q
R
S
T
U
V
W
X
Y
Z

„Spukt es hier?", fragt Flo. Sie schaut blass aus. „Warum? Weil die Kirche so ein altes Gemäuer ist?", fragt Richard. „Nein, der Pfarrer hat doch von diesem Geist gesprochen." „Meinst du den Heiligen Geist?" „Genau." „Der Heilige Geist ist kein Gespenst. Du musst keine Angst haben. Als Heiliger Geist ist Gott in unserer Nähe. Wie der Kuss von Mama, wenn du schon fast eingeschlafen bist. Oder wie ein warmer Wind. Du siehst ihn nicht. Aber du spürst ihn auf der Haut. Etwa so." Richard pustet Flo ins Gesicht. Flo kichert. „Das kitzelt." „Früher haben die Menschen sich den Heiligen Geist wie eine weiße Taube vorgestellt, der zwischen uns und dem Himmel hin- und herflattert. Sieh mal, überall in der Kirche gibt es Bilder von Tauben." Richard und Flo machen ein Vogelsuchspiel.

wie
INRI

„Richard, darf ich dich was fragen?" Flo hält Richard so fest, wie sie kann. „Warum hängt da eine Puppe am Kreuz? Mama sagt, die Geschichte ist nichts für Kinder." „Das ist Jesus", sagt Richard. „Und die Geschichte ist auch nichts für Erwachsene. Mächtige Männer haben Jesus ermordet. Sie haben ihn ans Kreuz gehängt. So wurden damals die allerschlimmsten Verbrecher getötet. Die mächtigen Männer sind fuchsteufelswild geworden. Jesus hat gesagt, dass Gott die Welt nicht gefällt, in der die Armen leiden und nur die Reichen Spaß haben. Die Männer wollten, dass alles so bleibt, wie es ist. Sie wollten die Bestimmer sein." „Das ist aber gemein. Jesus hat doch gar nichts Böses gemacht", sagt Flo. Richard nickt. „Jesus hat tolle Sachen gemacht. Er hat Kranken geholfen. Er hatte Leute als Freunde, die keiner mochte. Er hat erzählt, dass Gott alle Menschen gleich lieb hat. Er hat gesagt, dass Gott der Bestimmer ist. Das hat den Männern mächtig Angst gemacht." Richard guckt grimmig. „Und was bedeutet die Geheimschrift auf dem Zettel? I-N-R-I", buchstabiert Flo. „Die bösen Männer brauchten einen Grund, um Jesus zu töten. Jesus hat immer vom Reich Gottes erzählt. Da haben sie gedacht: Der Jesus ist ein König aus einem anderen Land. Er hat hier nichts zu suchen. Er muss weg, damit die Leute ihm nicht mehr nachlaufen. INRI ist eine Abkürzung. Sie bedeutet: Iesus Nazarenus Rex Iudaeorum. Das ist Latein und heißt: Jesus von Nazareth, König der Juden. Klar, Nazareth ist der Wohnort von Jesus. Und er war Jude.

Das war seine Religion. Und er war ja wirklich so was wie ein Prinz, der von Gott kam." Flo legt den Kopf schief. Sie guckt traurig. „Jesus hatte bestimmt schlimme Schmerzen." „Ja. Er dachte, Gott hat ihn verlassen", sagt Richard. „Aber Gott hat ihm geholfen. Gott hat ihn wieder lebendig gemacht. Er ist ja der Bestimmer." „Dann endet die Geschichte von Jesus gar nicht traurig." Flo ist erleichtert. „Nein. Das Kreuz erinnert die Menschen daran, dass Jesus Schlimmes zugestoßen ist. Es erinnert aber vor allem daran, dass Gott Jesus nicht allein gelassen hat. Gott hat allen Menschen ein Zeichen gegeben. „Habt keine Angst, ich lasse euch nicht allein. Auch wenn schlimme Dinge passieren. Ich bin stärker als der Tod. Ich bin der Bestimmer. Ihr könnt mir vertrauen." „Aha. Deshalb gibt es überall Kreuze. Weil Menschen so vergesslich sind." Flo zählt auf: „Auf dem Krankenwagen. Auf der Bergspitze, auf die ich in den Ferien mit Opa geklettert bin. An der Kette um Mamas Hals."

J wie
JESUS

„Ist Jesus als Kind gerne in die Kirche gegangen?", fragt Flo. Das Krokodil legt den Kopf schief. Das macht es nur, wenn eine Frage schwierig ist. „Als Jesus lebte, gab es noch gar keine Kirchen. Die Kirchen haben erst die Kinder seiner Freunde gebaut", antwortet Richard. „Jesus ist als Jude in Israel aufgewachsen. Als zwölfjähriger Junge ist er in den Tempel gegangen. Das ist auch so eine Art Kirche. Er hat den Lehrern dort Löcher in den Bauch gefragt. Er wollte alles über Gott wissen. Dort hat er viele Geschichten gehört. Als er älter war, hat er sie weitererzählt." „Würde es ihm denn hier gefallen?", bohrt Flo weiter. „Wenn viele Kinder und ein nettes Krokodil in der Kirche sind, fühlt er sich hier bestimmt zu Hause", sagt Richard.

K wie
KIRCHTURM

„Puh, ist der hoch." Flo und das Krokodil stehen unter dem Kirchturm und schauen nach oben. „Mit der Spitze kann der Turm die Wolken kitzeln." Richard nickt. „Die meisten Kirchen haben Türme. So kann niemand eine Kirche übersehen. Früher waren die Kirchen die höchsten Gebäude in der Stadt. So konnten sich die Menschen nicht verirren. Sie mussten nur mit den Augen nach dem Kirchturm suchen. Manche Leute sagen, dass der Turm wie ein Wegweiser zum Himmel ist. Wer in den Himmel sieht, für den werden alle anderen Dinge kleiner. Sie sind nicht mehr so wichtig."

A
B
C
D
E
F
G
H
I
J
K
L
M
N
O
P
Q
R
S
T
U
V
W
X
Y
Z

wie
LACHEN

„Meine Mama hat gesagt, in der Kirche muss man mucksmäuschenstill sein. Nicht toben und nicht lachen, ruft sie immer." „Ojemine", stöhnt Richard. „Deine Mama hat ja keine Ahnung. Früher war es in den Kirchen so laut wie draußen auf dem Markt. Es gab keine Bänke zum Ausruhen. Stell dir das mal vor: Die kleinen Kinder rennen herum. Gänse schnattern. Die Kirchenmäuse piepsen um die Wette und der Kirchenkater versucht, sie zu fangen. Gott hat es ja gerne lebendig. Irgendwann haben die Erwachsenen die Kirchenruhe erfunden. Sie können besser zuhören, wenn keine Hühner gackern. Ich will auch ja nichts verpassen, wenn die Pfarrerin eine spannende Geschichte erzählt. Es macht mehr Spaß zu singen, wenn man die Nachbarn hört. Aber Lachen ist erlaubt. Es hallt herrlich unter den hohen Decken. Wie das Osterlachen. Da lachen die Christen so ausgelassen, weil der Tod keine Macht mehr über die Menschen haben soll." „Stell dir mal vor, die ganze Gemeinde kugelt sich vor Lachen. Das müssten die Kinder den Großen vormachen", sagt Flo und grinst wie ein Honigkuchenpferd.

A
B
C
D
E
F
G
H
I
J
K
L
M
N
O
P
Q
R
S
T
U
V
W
X
Y
Z

M wie **MARIA**

„Hier gibt es ja viele Mamas mit Babys. Wie beim Kinderarzt." Flo und das Krokodil sehen sich die alten Bilder an. Die goldenen Rahmen hängen so hoch, dass Flo den Kopf in den Nacken legen muss. „Das ist Maria, die Mutter von Jesus", sagt Richard. „Aber sie sieht immer anders aus." Flo ist nicht überzeugt. „Die eine sieht aus wie eine Prinzessin. Sie hat ein schönes Kleid an und lacht. Die andere guckt wie Frau Schneider, wenn ich meine Federmappe vergessen habe." Frau Schneider ist die Lehrerin von Flo. Richard kaut an den Krallen. Er denkt nach. „Jeder Maler hat sich Maria wie seine eigene Mama vorgestellt. Oder wie die Mama, die er gerne gehabt hätte." „So eine Mutter, die ihr Kind ganz doll liebt, gerne kuschelt und super vorlesen kann? Dann sieht meine Maria aus wie Ulrike. Meine Mama", sagt Flo.

A B C D E F G H I J K L M N O P Q R S T U V W X Y Z

N
wie
NOTEN

„Was ist denn das?", fragt Flo und zeigt auf einen Stapel voller Bücher. „Das sind Gesangbücher", sagt Richard. „Zeig mal." Flo schlägt ein Buch auf. „Die muss ich alle singen? Das sind ja mehr als hundert." Sie sieht nicht begeistert aus. „Singen macht Spaß und tut gut. In der Kirche klingt es ganz toll. Vor allem, wenn viele Menschen zusammen singen. Hör mal." Das Krokodil reißt sein Maul auf und singt sein Lieblingslied. „La la la, lo lo lo, ich lieb dich so, mein Flo." Schön klingt es nicht. Aber laut. „Und was ist, wenn ich die Noten nicht kenne?", fragt Flo. „Das macht nichts", sagt Richard. „Die Lieder lernst du durchs Mitsingen. Vielleicht gibt es in dieser Kirche ja einen Chor für Kinder."

wie
ORGEL

„Wo kommt denn die Musik her?", fragt Flo. Das Krokodil zeigt nach oben. „Das ist die Orgel. Siehst du die Wand mit den Schornsteinen? Das sind die Pfeifen. Da kommen die Töne raus. Dazu braucht man viel Luft. Deshalb gibt es im Bauch der Orgel ein riesiges Gebläse. Früher mussten Kinder einen Blasebalg bedienen, damit der Orgel nicht die Luft ausgeht. Heute gibt es dafür eine Maschine." Die beiden klettern auf die Empore. So nennt man den Balkon, auf dem die Orgel steht. Die beiden schleichen sich hinter die Orgelspielerin. Sie sitzt auf einer Bank. Ihre Finger fliegen über die Tasten. Sogar die Füße tanzen. Zwischendurch drückt sie auf bunte Knöpfe. Dann verändert sich der Klang. Erst klingt die Musik wie ein Sturm, der durch die Straßen fegt. Dann hört es sich an, als würden Vögel singen. „Kann ich auch spielen lernen?", fragt Flo. „Na klar", sagt die Organistin und hebt das Kind auf die Bank.

P wie
PREDIGT

„Warum steht denn ein Aussichtsturm in der Kirche?", fragt Flo. „Das ist die Kanzel", sagt Richard. „Komm!" Das Krokodil zieht Flo eine Treppe hoch. „Von hier hat man ja einen prima Überblick", staunt Flo. „Auf der Kanzel wird gepredigt. Unten in den Bänken können alle gut sehen und hören", erklärt Richard. „Papa sagt immer, Mama soll nicht so predigen, wenn sie an ihm rumnörgelt." Flo ist nicht sicher, ob sie Predigten mag. Richard lacht. „Predigen ist nicht Schimpfen. Predigten sind Geschichten von Gott. Die Geschichten stehen in der Bibel. Sie handeln von Abenteuern in der Wüste und auf dem Meer. Oder von einem Kind, das einen Riesen besiegt. Wenn die Predigt so spannend ist, dass wir die Leute aus der Bibel fast anfassen können, ist Gott auch zum Anfassen nahe."

A
B
C
D
E
F
G
H
I
J
K
L
M
N
O
P
Q
R
S
T
U
V
W
X
Y
Z

Q wie
QUASIMODO

„Richard, wer ist Quasimodo? Basti hat gesagt, in der Kirche wartet er in einer Ecke, um mich zu erschrecken." Basti ist der große Nachbarsjunge. „Quasimodo lebte vor sehr langer Zeit. Seine Geschichte ist traurig. Er hat keine Eltern. Sein Rücken ist schief gewachsen, er humpelt und in seinem Gesicht wachsen riesige Warzen. Deshalb hänseln ihn die Menschen. Nur in der Kirche fühlt er sich sicher. Er wohnt im Turm der Kathedrale von Notre-Dame. Das ist eine schöne große Kirche in Frankreich. Dort läutet er die Glocken. Eines Tages hilft er einem Mädchen in Not. Ihr Name ist Esmeralda. Sie ist sehr schön. Weil sie aus einem fernen Land ist, soll sie fortgejagt werden. Deshalb sucht sie Schutz in der Kirche. Esmeralda stört es nicht, dass Quasimodo hässlich ist. Sie werden Freunde. Heute fliehen immer noch Menschen in die Kirche. Manche suchen Schutz, weil Menschen hässlich zu ihnen waren. Andere kommen wie Esmeralda aus einem fremden Land und sollen zurückgeschickt werden. In der Kirche sind sie erst mal sicher."

R wie
RUHE

„Ist das laut heute." Flo hält sich die Ohren zu. Überall ist ein Riesenradau. Krankenwagen, die mit Tatütata um die Ecke sausen. Autos, die hupen. Straßenbahnen, die klingeln. Papas, die schimpfen. „Ich will meine Ruhe haben." Richard schreit: „Ich weiß einen guten Ort. Komm." Das Krokodil zieht das kleine Mädchen zu der Kirche um die Ecke. Es macht die schwere Eisentür auf. Plötzlich ist es still und dunkel. Vorne auf dem Altar brennt eine Kerze. Es riecht seltsam. Nach Gewürzen und nach früher. Flo setzt sich auf eine Bank und nimmt das Krokodil auf den Schoß. Sie halten einander fest und hören auf die Stille. Hörst du sie auch?

S wie
SAKRISTEI

„Wo geht es hier rein?", fragt Flo. Sie öffnet eine kleine Tür in der Wand neben dem Altar. „Sei nicht so neugierig", das Krokodil stupst Flo mit der Schnauze in die Seite. Dann steckt es schnell den Kopf in den Spalt. „Das ist die Sakristei. Die Pfarrer und alle, die im Gottesdienst was zu tun haben, können sich hier vorbereiten. Hier hängt der Talar. Auf dem Tisch liegt die Bibel, aus der die Geschichten vorgelesen werden. Das Geschirr fürs Abendmahl wird hier aufbewahrt. Die kostbaren Kelche und die silbernen Teller stehen im Schrank." „Aha, hier ist die Schatzkammer für die Kirche", murmelt Flo. Richard nickt. „Manchmal sieht es wie in einer Rumpelkammer aus."

T

wie
TAUFE

„Mama hat mir ein Bild gezeigt. Von meiner Taufe. Da bin ich ein Baby in einem Prinzessinnenkleid und ohne Haare. Ich sehe süß aus, sagt Mama. Sie hält mich über so ein komisches Becken. Die Pfarrerin macht Wasser auf meinen Kopf." „Ich weiß, wo das war", sagt Richard. Er zieht Flo zu einem runden Steinblock am Eingang der Kirche . „Das ist der Taufstein. Hier kommt das Wasser rein. Das Wasser bedeutet: Gott macht lebendig. Ohne Wasser gibt es ja kein Leben. Und ohne Gott auch nicht. Wer getauft ist, gehört zu denen, die nicht ohne Gott auskommen können." „Wie wenn ich im Sommer durstig bin und Mama gibt mir ein Glas Sprudel?" „Ja, so ähnlich", sagt Richard. „Dann gehöre ich dazu! Und Gott passt auf mich auf", sagt Flo.

A
B
C
D
E
F
G
H
I
J
K
L
M
N
O
P
Q
R
S
T
U
V
W
X
Y
Z

U wie
ÜBERWURF

„Warum trägt die Frau so einen komischen Überwurf?", flüstert Flo und zeigt auf die Pfarrerin am Altar. Sie begrüßt gerade die Gemeinde. „Das ist ein Talar", sagt Richard. „Das ist ein Mantel für Lehrer. Vor langer Zeit hat einmal ein Kaiser beschlossen, dass alle Pfarrer ein schwarzes Gewand anziehen sollen. So ist es bis heute. Die Gemeinde achtet mehr auf das, was der Pfarrer sagt, weil von ihm nicht viel zu sehen ist. Die Leute sehen nicht, ob der Bauch des Pfarrers dicker geworden ist. Oder ob der Pfarrerin die neue Bluse auch steht." „Festlich sieht das aber nicht aus", findet Flo. „Es gibt auch andere Gewänder. Alben zum Beispiel sind weiß. Wenn dann noch eine bunte Stola über der Schulter liegt, sieht das sehr feierlich aus. Ob mir das auch steht?", fragt Richard.

A B C D E F G H I J K L M N O P Q R S T U V W X Y Z

wie
VATERUNSER

„Wie geht beten?", fragt Flo Richard. „Du kannst mit Gott reden, wie dir der Schnabel gewachsen ist. Gott interessiert sich für alles. Wenn dir keine Worte einfallen, dann kannst du auch so beten wie Jesus. Er sagt ‚Papa' zu Gott. So eng sind die beiden verbunden. Ein Freund von Jesus hat das Gebet aufgeschrieben. Menschen beten überall in der Welt, in allen Sprachen, die es gibt."

Vater unser im Himmel.
Geheiligt werde dein Name.
Dein Reich komme.
Dein Wille geschehe
wie im Himmel so auf Erden.
Unser tägliches Brot gib uns heute.
Und vergib uns unsere Schuld,
wie auch wir vergeben unseren Schuldigern.
Und führe uns nicht in Versuchung,
sondern erlöse uns von dem Bösen.
Denn dein ist das Reich und die Kraft
und die Herrlichkeit in Ewigkeit.
Amen.

A B C D E F G H I J K L M N O P Q R S T U V W X Y Z

„Am liebsten komme ich in die Kirche, wenn Weihnachten ist, am Heiligen Abend", sagt Flo. „In der Kirche sieht es anders aus. Überall sind Menschen. Sie drängeln sich aneinander, aber es macht ihnen nichts. Und die Erwachsenen riechen gut. Die Kinder sind hibbelig", sagt Flo. „Hoffentlich ist es bald wieder soweit." „Oh ja", jubelt Richard. „Der Weihnachtsbaum ist so hoch wie ein Haus und voller Lichter. Dein Papa singt. Er singt sonst nur unter der Dusche." „Vielleicht gibt es ja in diesem Jahr wieder ein Krippenspiel. Dann sind wir mitten in der Weihnachtsgeschichte. Ich möchte eine Hirtin sein. Du spielst mein Schaf." Richard schüttelt den Kopf. „Ich hätte da eine bessere Idee." Das Krokodil legt sich auf den Rücken und strampelt wie ein Baby. Wen will es wohl spielen?

A B C D E F G H I J K L M N O P Q R S T U V W X Y Z

X wie XYLOFON

„Warum steht in der Kirche ein riesiges Glockenspiel?", fragt Flo und zeigt auf das Instrument. „Du meinst das Xylofon. Das gehört zur Kinderband. Die Band spielt hier manchmal. In der Kirche gibt es nicht nur Orgelmusik. E-Gitarren, Celli, Schlagzeuge und Saxofone klingen genauso gut. Wenn ich hier meine Lieblingslieder singe, tanzen die Leute auf den Bänken. Und die Engel im Himmel singen mit. Du auch?"

A
B
C
D
E
F
G
H
I
J
K
L
M
N
O
P
Q
R
S
T
U
V
W
X
Y
Z

wie
YASEMIN

„Kann ich Yasemin in die Kirche mitbringen?",
fragt Flo. „Sie ist meine beste Freundin. Sie
sieht wie Maria aus." Flo zeigt auf das große
Bild über dem Altar. Darauf ist eine junge Frau
mit langem Kleid und Kopftuch zu sehen. „Na-
türlich kannst du sie mitbringen", sagt Richard.
„Vielleicht darfst du sie auch in ihre Kirche
begleiten. Die Muslime haben ja eigene Häuser für Gott." „Weiß ich doch. Yasemin geht
manchmal mit ihrem Papa in die Moschee.
Da darf man auf Socken laufen. Überall lie-
gen Teppiche. Was sie in der Moschee macht,
weiß ich aber nicht." Flo kräuselt ihre Nase.
Das macht sie, wenn sie nachdenken muss.
„Ich auch nicht", gibt Richard zu. „Wir fragen
sie einfach."

Z wie **ZAHLEN**

„Wie viel Eintritt kostet die Kirche?", fragt Flo das Krokodil. „Man braucht keine Eintrittskarte. Wir können umsonst in den Gottesdienst", sagt Richard. „Das ist prima", sagt Flo. „Ich habe nämlich nur 50 Cent, von Oma." Flo kramt das Geldstück aus der Tasche. „Wenn du willst, kannst du es trotzdem loswerden. Im Gottesdienst werden kleine Säckchen an einem Stab herumgereicht, um Geld zu sammeln. Das ist die Kollekte. Heute wird für eine Schule in Afrika gesammelt. Der Schule fehlt ein Dach. Wenn viele Leute Münzen reinwerfen, klingelt es schön. Deshalb heißen die Säckchen Klingelbeutel." „Tschüss, Münze, komm gut nach Afrika", sagt Flo, als Richard ihr den Beutel unter die Nase hält. „Wenn die Erwachsenen Scheine reinwerfen, klingelt es zwar nicht so doll, aber das Dach wird schneller fertig", flüstert Flo.

A
B
C
D
E
F
G
H
I
J
K
L
M
N
O
P
Q
R
S
T
U
V
W
X
Y
Z

Bibliografische Information der Deutschen
Nationalbibliothek. Die Deutsche Nationalbibliothek verzeichnet diese Publikation in
der Deutschen Nationalbibliografie;
detaillierte bibliografische Daten sind im
Internet über http://dnb.d-nb.de abrufbar.

Autorin
Petra Bahr

Redaktion
Elke Rutzenhöfer

Illustrationen
Imke Trostbach

Gestaltung
Kristin Kamprad, Hansisches Druck-
und Verlagshaus GmbH

Druck und Bindung
GRASPO CZ a. s. Zlin

ISBN 978-3-86921-213-5

Autorin Petra Bahr

…geboren 1966, studierte nach einer journalistischen Ausbildung Theologie und Philosophie. Die promovierte Pfarrerin ist seit 2006 Kulturbeauftragte des Rates der EKD. Sie ist Autorin mehrerer Bücher. In der edition chrismon erschien unter anderem die „Weihnachts-Liederreise" (mit Klaus-Martin Bresgott und Imke Trostbach).

Illustratorin Imke Trostbach

…geboren 1973, studierte Visuelle Kommunikation und Art in Context. Neben ihren Illustrationen für Magazine, Zeitschriften und Verlage („Die ZEIT", Rowohlt u. a.) arbeitet die mehrfach prämierte Künstlerin in diakonischen Einrichtungen, beispielsweise in einem Kunstprojekt mit Autisten oder mit Demenzkranken.

MEMO
-Kartenspiel

Illustriert von Imke Trostbach. 26 x 2 illustrierte Spielkarten
aus Karton, 6,5 x 6,5 cm, Maße der Box: 13,6 x 7,3 x 3,6 cm

ISBN 978-3-86921-214-2   **12,90 €**